À la mémoire de Marshall Rosenberg (1934-2015),
fondateur de la communication non-violente.
J'ai eu le privilège de publier son livre *Les mots sont des fenêtres (ou des murs)* aux Éditions Jouvence, en 1997,
et de me former à la CNV avec lui.
Le conte qui suit est né de cette rencontre.
O. C.

www.flammarion-jeunesse.fr

Éditions Flammarion
87, quai Panhard-et-Levassor
75647 Paris Cedex 13
ISBN : 9782081433144
N° d'édition : L.01EJDN001541.A012
Dépôt légal : mars 2019
Imprimé en France par Pollina en octobre 2021
Loi n° 49-956 du 16 juillet 1949
sur les publications destinées à la jeunesse

Tu es  comme tu es...

Olivier Clerc

Illustrations
de Gaia Bordicchia

PÈRE CASTOR

Dans la forêt du Grand Chêne
vivait une famille de lapins.
Le plus petit d'entre eux s'appelait Pompon,
car sa queue ressemblait à un gros pompon
comme on en voit sur les bonnets.

Pompon avait de nombreux amis.
Il aimait jouer avec eux et explorer la forêt.

Un jour qu'il faisait des bonds dans une clairière, une petite souris sortit d'un vieux tronc d'arbre. C'était la première fois qu'elle voyait un lapin. Intriguée, elle leva les yeux vers lui et dit :

– Bonjour, toi ! Qui es-tu ?

– Bonjour, petite souris. Je suis Pompon le lapin.

– **Qu'est-ce que tu es grand**, Pompon ! s'exclama la souris impressionnée. Moi, c'est Suzette la souris.

Pompon était très fier.

Jusque-là, personne ne lui avait jamais dit
qu'il était grand.
Dans sa famille, ses frères et sœurs faisaient tous
au moins une tête de plus que lui.

Et c'est vrai,
cette souris était **toute petite**,
comparée à lui.

Le lapin dit au revoir à Suzette
et s'en alla tout content.
« Je suis grand, je suis grand ! »
chantonnait-il en bombant le torse
pour paraître encore plus grand.

Un peu plus loin, sur un chemin de terre,
il entendit des bruits de sabots.
Pompon s'arrêta, dressa ses oreilles.
Un cheval approchait.

Lorsqu'ils furent tout à côté,
le cheval pencha la tête vers le sol et dit :
– Bonjour ! Je m'appelle Grand Galop.
Je suis le cheval de la prairie. Et toi, qui es-tu ?
– Je suis Pompon, **le grand lapin,**
dit Pompon avec fierté.
– Grand ? Un grand lapin ?
Mais tu es tout petit !
lui répondit amusé le cheval.

Et il poursuivit son chemin…
sans plus prêter attention au lapin.

Pompon n'y comprenait plus rien.
Suzette la souris lui avait dit qu'il était grand – et ça lui avait fait bien plaisir –, et maintenant Grand Galop lui affirmait qu'il était tout petit.

Cela n'avait aucun sens !

« Je ne peux pas être à la fois **grand** et **petit**, songea Pompon. Quelqu'un doit se tromper. »

Il décida d'aller interroger sa maman qui avait toujours des réponses à ses questions.

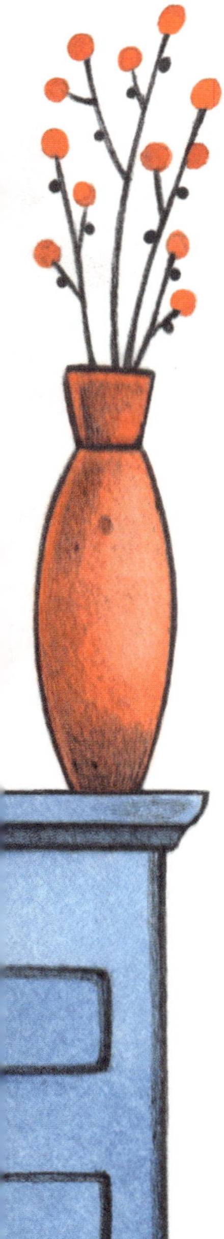

– Maman, Maman !
Aide-moi, je ne m'y retrouve plus du tout !
Tout à l'heure, une souris m'a dit
que j'étais grand.
Et juste après, un cheval m'a dit
que j'étais tout petit.
Je ne peux pas être les deux à la fois, quand même !
Alors : **je suis grand ou je suis petit ?**

– Tu es comme tu es,
lui répondit sa maman en le prenant
dans ses bras, le temps qu'il reprenne son souffle.
Le cheval est très grand, bien plus grand que toi.
Il te voit donc en dessous de lui et pense
que tu es petit.

Quant à la souris, qui est petite et lève le regard vers toi, elle considère que tu es grand.

Mais tu es comme tu es :

à la fois plus grand que certains animaux
et plus petit que d'autres,
lui répondit-elle en l'embrassant.

Elle lui servit un jus de carotte et ajouta :
– Et puis, tu sais bien : tu es à la fois mon petit lapin et mon grand enfant ! Je te trouve assez grand pour aller jouer seul avec tes copains, mais quand même trop petit pour rentrer seul à la maison quand il fait noir.
Mais surtout, tu es mon Pompon,
et je t'aime comme tu es.

Pompon n'était pas sûr d'avoir tout compris, mais il se dit :

« Je suis comme je suis, et ma maman m'aime comme je suis. »

Il pensa que c'était sans doute le plus important.

Et puis… c'était drôle d'être à la fois grand et petit !

Le lendemain, Pompon sortit de son terrier
et s’en alla chez son ami le blaireau.
Blaise avait pris froid et s’était enrhumé.
Cela faisait une semaine qu’il ne sortait plus.
Pompon s’était donc proposé de venir jouer chez lui.

En chemin, il croisa Ronald le renard.

– Eh ! bonjour Pompon ! Tu veux jouer avec moi ? lui demanda Ronald.

– Pas l'temps, je vais chez Blaise, répondit Pompon sans ralentir ni vraiment le regarder.

– Ben… t'aurais pu t'arrêter quand même.
T'es rien qu'un méchant !
rétorqua aussitôt Ronald, le regard noir.

« Méchant, moi ? se dit Pompon, même pas vrai ! C'est lui qui est méchant… »
Il était tout triste et ne comprenait pas la réaction de son ami.
Jusque-là, personne ne lui avait jamais dit qu'il était méchant. Même quand il se disputait avec ses frères et sœurs.

Bientôt, il arriva chez Blaise.
Tous deux passèrent l'après-midi à jouer
à cache-cache et ne virent pas le temps passer.
Lorsqu'il fut l'heure de rentrer pour Pompon,
Blaise le raccompagna à l'entrée et lui dit :
– Merci beaucoup, Pompon ! Je me suis bien amusé.
Tu es vraiment gentil
d'être venu jouer chez moi.

Pompon n'y comprenait de nouveau plus rien.

« Je ne peux pas être à la fois **méchant et gentil**, quand même... »

Cette fois, il décida d'en parler à son papa.

– Papa, Papa ! Explique-moi :
tout à l'heure, Ronald le renard m'a traité de méchant… et moi je trouvais que c'était plutôt **lui** qui était méchant de me dire ça.
Ensuite, Blaise le blaireau m'a dit que j'étais **vraiment gentil**.
Je ne peux pas être les deux à la fois, quand même !
Alors, **je suis gentil ou je suis méchant ?**

– Tu es comme tu es,

lui répondit son papa en le prenant sur ses genoux.
Ronald avait envie de jouer avec toi et comme tu lui as dit non, il t'a trouvé méchant :
en réalité il était juste déçu et triste que tu ne joues pas avec lui.
Blaise, lui, était très content que tu viennes jouer chez lui, c'est pourquoi il a trouvé que tu étais gentil.

Mais tu es comme tu es, Pompon.
Et moi je t'aime comme tu es !

termina son papa en lui caressant affectueusement la tête.

– Mais alors,
comment je peux savoir si les gens sont
gentils ou **méchants** ?
Ou si les choses sont bonnes ou mauvaises ?
demanda Pompon qui se sentait encore
tout embrouillé.

– Ce que tu dois savoir, d'abord, répondit son papa, c'est ce que tu ressens, ce que tu aimes ou n'aimes pas. Ensuite, au lieu de déclarer par exemple « Le chèvrefeuille est mauvais », dis simplement « Je n'aime pas ça ». Car si toi, tu ne l'aimes pas, d'autres l'apprécient beaucoup. Et au lieu de dire « Ronald est méchant de me traiter de méchant », dis plutôt « Je suis fâché quand Ronald dit que je suis méchant ». Parce que si toi tu es en colère à ce moment-là contre lui, quelqu'un d'autre peut l'aimer très fort et le trouver gentil.

Le papa de Pompon lui murmura
dans le creux de l'oreille :
– **Je vais te révéler un secret**, Pompon…

Le petit lapin sentit alors son cœur battre très fort.
– Quand quelqu'un te dit quelque chose sur toi, il te révèle toujours quelque chose sur lui-même en même temps.
Par exemple, quand Ronald affirme que tu es méchant, il te fait également savoir qu'il est triste et fâché.
Et quand Blaise dit que tu es gentil, il t'exprime aussi qu'il est content et joyeux.

Alors, Pompon, la prochaine fois qu'un de tes amis te dira que tu es méchant, tâche de ne pas te fâcher, prends une grande inspiration et essaie plutôt de deviner ce qu'il a sur le cœur.
Demande-lui pourquoi il est contrarié ou en colère.
Puis, essayez ensemble de trouver une solution pour que **vous soyez contents tous les deux.**
Tu verras, ce secret va changer ta vie !

Pompon était impatient d'essayer le secret que son papa venait de lui confier. Il souhaitait presque que quelqu'un le traite tout de suite de **méchant**, de **menteur** ou de n'importe quoi d'autre, juste pour voir comment il s'en sortirait.

Finalement, il n'eut pas besoin d'attendre bien longtemps.

Cet après-midi-là, alors qu'il gambadait
une nouvelle fois dans la forêt, il aperçut soudain
une magnifique touffe de trèfles en fleurs,
à côté d'un grand arbre.
« Hmmm ! Je vais me régaler », songea Pompon,
en se léchant les babines et en agitant
sa petite queue toute blanche.
Il se mit à croquer les trèfles à grands coups
de dents.

Soudain, une petite belette sortit d'un trou
à côté de l'arbre.
Quand elle vit Pompon en train de dévorer
les trèfles, elle se fâcha tout rouge
et lui dit d'une voix haut perchée :

– C'était mon trèfle !

Tu n'avais pas le droit de le manger :
tu n'es qu'un voleur, **méchant lapin !**

Pompon ne s'attendait pas à cela.
Il faillit tout avaler de travers et sentit
qu'il se mettait lui aussi en colère.
Il commença par se dire que cette petite belette
était méchante… qu'il ne pouvait tout de même
pas savoir qu'elle habitait là… et que la forêt
appartenait à tous les animaux !
Donc ce n'était pas **son** trèfle,
mais celui de tout le monde.
Il avait envie de lui dire qu'il la détestait,
voire de la pousser très fort et de lui demander
de s'en aller.

Heureusement, Pompon se souvint des mots de son papa.
« Quand quelqu'un te dit quelque chose sur toi, il te révèle toujours quelque chose sur lui en même temps. »

« Visiblement, se dit Pompon,
cette belette est très contrariée
pour me traiter de méchant et de voleur. »

Alors Pompon respira un grand coup,
et prit une voix toute douce.
– Tu es fâchée parce que tu voulais
manger ces trèfles ?
– Oui, et je suis même **très en colère !**
C'était **mon** trèfle ! répondit la belette.
– Tu aurais préféré que je te demande
la permission avant d'en manger ?
poursuivit Pompon.
– Euh… oui ! dit la belette, quelque peu surprise
que le lapin ne s'énerve pas à son tour
et qu'il lui réponde gentiment.

Pompon se rendit compte qu'il n'était plus
du tout fâché contre la belette.
Au contraire, il avait envie de l'aider,
car il comprenait son émotion.
« Moi aussi, songea Pompon, je pense
que j'aurais été très contrarié si quelqu'un
avait mangé ce que j'estimais être à moi. »

– Si tu veux, suggéra Pompon,
en échange du trèfle que j'ai mangé,
je peux t'emmener dans un endroit
que je suis le seul à connaître,
où il y a beaucoup de fèves délicieuses.
Ça te dirait ?

La belette ouvrit de grands yeux
et s'arrêta de bougonner.
Décidément, ce lapin si calme était bien étrange !
Et justement, elle adorait les fèves,
mais elle avait du mal à savoir où en dénicher.
– Je veux bien ! lui répondit-elle,
sentant que sa colère était presque
complètement retombée.

Pompon emmena donc la belette
dans son coin secret à fèves.
Quand la belette vit combien il y en avait là,
elle s'exclama :
– Oh, c'est merveilleux !

Tu es vraiment trop gentil.

Pompon faillit en rougir…

– Et au fait, c'est quoi ton prénom ? demanda-t-elle.

– Je m'appelle Pompon, fit-il. Et toi ?

– Moi, c'est Bichette, répondit-elle avant de commencer à déguster les fèves.

À dater de ce jour, Pompon et Bichette devinrent de grands amis.
Parfois, c'était lui qui allait lui rendre visite et l'invitait à faire un goûter de fèves.

D'autres fois, c'était elle qui passait chez lui
et lui proposait de venir partager
sa dernière repoussée de trèfles.

Le soir, quand il rentra chez lui,
Pompon s'empressa de raconter à ses parents
comment il s'était fait une nouvelle amie.
– Au lieu de me laisser emporter par la colère,
j'ai pris une grande inspiration,
et j'ai essayé de savoir ce qu'elle avait.
Quand j'ai compris qu'elle était très fâchée
et un peu triste, ça m'a donné envie de l'aider.

– Alors, demanda la maman de Pompon, maintenant est-ce que tu sais si tu es gentil ou méchant ?

– Je suis comme je suis !

répondit Pompon, en embrassant ses parents.

Je suis votre petit Pompon

et j'ai bien besoin d'un grand câlin.